你要說什麼？

從表達到對話、從傾聽到理解，
獻給網路世代的好好溝通寶典

文 拉德嘉·皮洛 (Radka Píro)

圖 夏綠帝·莫拉 (Charlotte Molas)

譯 黃靜雅

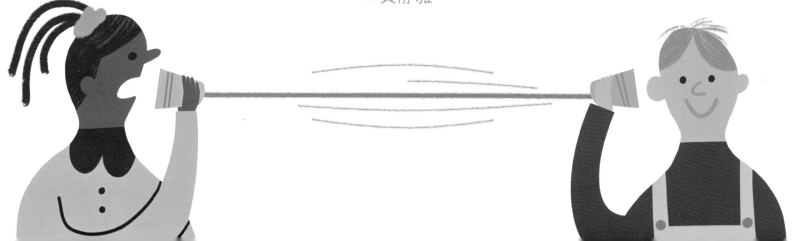

什麼是「溝通」？

我們和別人交流意見，稱為「溝通」。你可能會覺得這是件再自然不過的事，就某方面來說確實是這樣，但是人與人之間互相理解的程度，常常受雙方的能力及技巧而有所影響和限制。

所以，思考如何溝通，或是試著改善溝通能力，對你來說都會十分受用。那就一起開始吧！

我們用哪些方式和別人溝通？

人類發展了一些方法，讓我們能夠和遠方的人交換訊息，甚至還能傳遞資訊給後代。究竟是哪些方法呢？

此外，當我們和別人聯繫時，還需要注意一些事情，這樣我們才能更有效的溝通、更容易理解對方的想法。

保護自己的溝通術

好好表達、好好處理

溝通小訣竅

溝通和我們生活中的所有事緊密結合。不清楚的溝通，可能會造成災難；但是也有無數例子顯示，有效的溝通能散播希望及拯救生命。
因此，從這些歷史上跟溝通有關的事件，認識溝通成功與溝通失敗的例子吧。

溝通失敗、成功的例子

現今，我們還能藉助各式各樣的科技來溝通。

大眾傳播

網際網路

電話

人類與溝通

我們是怎麼從這裡，

演化到那裡的？

人類的溝通和合作能力，是能演化成為地球主宰的其中一個原因。當然，有些人喜歡安靜，但是以物種來說，我們是善於溝通的生物。這或許也是人類智力會變得如此發達的緣故。

我們的溝通方式
會影響身邊的人；
同樣的，
其他人也會
影響我們。

我們常常
模仿別人的行為，
但是大多時候
我們自己
卻沒有察覺。

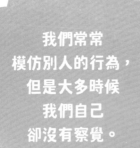

人類身上有一種奇妙的東西，稱為「鏡像神經元」。鏡像神經元是我們大腦裡的神經細胞，讓我們能夠模仿別人的行為。這種細胞非常有用，讓我們可以透過模仿來學習，也能加強人際關係。

我們如何學習溝通？

從出生那一刻開始，甚至在出生之前，人類就有溝通能力。當我們還是胎兒時，主要是透過觸摸來和母親溝通。一旦出生後，就會立刻開始與人接觸。

遊戲是培養溝通能力的最好方法。

 語言發展

 建立關係

 學習

	語言發展	建立關係	學習
0 歲	透過發出聲音和哭泣表達不喜歡。	能夠維持眼神接觸。父母的觸摸和聲音最能使他們平靜下來。	視力還沒有完全發育，因此對聲音和觸摸比較有反應。
1 歲	可以說出第一個字。	會模仿父母的行為，並使用簡單的手勢。	能夠說出常用物品的名稱。
2 歲	能用幾個字組成的短句來說話。	能夠使用更多種手勢並且指向事物，也能留意有人在哭。	可以回答簡單的問題，知道熟人的名字。
3 歲	能夠說出更長、更複雜的句子，也能應付簡單的對話。	會模仿大人和朋友，也開始和其他孩子一起玩。	可以遵從簡單的指令與分辨顏色。
5 歲	能夠講故事，並且透過言語表達想法和意見。	懂得合作，也想要討好自己喜歡的人。	開始認識及書寫文字和數字，也能夠寫出自己的名字。

說話

人類並不是唯一用聲音來溝通的生物。動物也能夠用很多種聲音來溝通。

> 但人類的說話方式是獨一無二的。

蟋蟀發出唧唧聲來溝通。

海豚靠嘆息聲和口哨聲來溝通。

鳥類會用啾啾叫來溝通。

人類是怎麼說話的?

第一步,肺部呼出空氣。接著,空氣通過氣管,像是馬達一樣驅動聲帶發出聲音。隨著聲帶周圍的肌肉收縮和放鬆,使得聲帶之間的開口變寬和變窄,加上空氣的流動,就會發出聲音。接著,我們將這些聲音加工處理、塑造,轉換成有意義的字詞,這種轉變方式就是「發音」。我們是透過嘴唇、舌頭和上顎來完成發音。

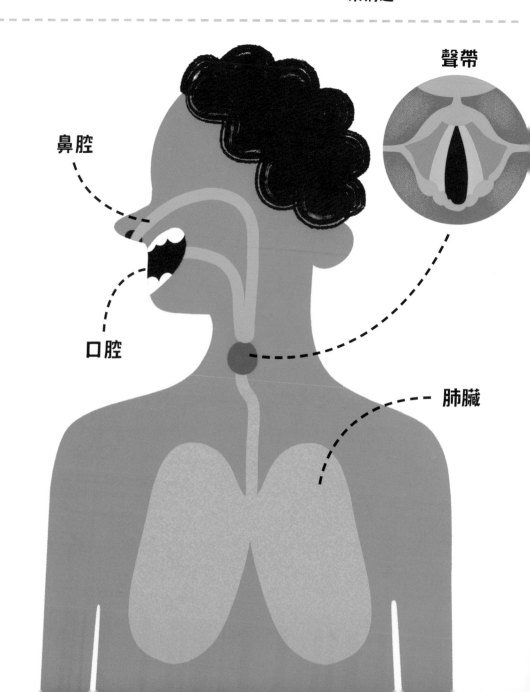

聲帶

鼻腔

口腔

肺臟

吐出空氣的部位。

發出聲音的地方。

每個聲音的發音位置。

我們如何理解對方？

為了和對方開始溝通，我們需要先理解對方在說什麼。而我們的大腦剛好可以完美達成這項任務。當我們一聽到某個字詞的開頭，大腦就會提供很多接下來可能出現的各種字詞選項。隨著完整字詞慢慢浮現，大腦會捨棄那些不符合條件的字詞，直到完全符合講話的人想要表達的意思，而且大腦可以在不到一秒的時間內就完成這一切！

聲音可以做什麼？

尖叫　　　　**發出聲音**　　　　**說故事**　　　　**唱歌**　　　　**悄悄話**

新詞語是怎麼誕生的？

語言其實常常變來變去，也會隨著人們的使用而演變。我們不常用的詞語會漸漸消失，然而新的詞語又會不斷出現。

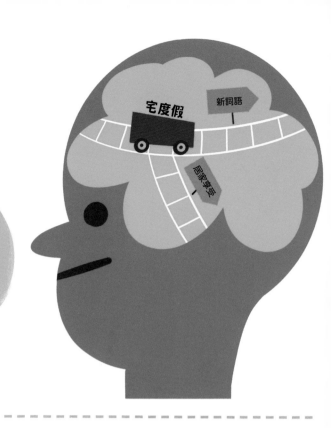

我們經常借用其他語言裡的詞語……

我們會結合現有的詞語來創造新的詞語……

或是我們會改變原來詞語的意思。

外國語言

世界上有七千多種不同的語言。當我們學習一種新的語言時，也會認識講這種語言的國家文化，讓我們更了解這個世界。

最初，世界上的語言種類遠比現在少，但隨著人們在世界各地遊歷、在新的地方定居，語言種類才漸漸豐富起來。久而久之，世界就誕生了很多不同的語言。

我們的聲音

音量是指講話多大聲或多小聲。

發音 是指 如何 發出 每個 語詞 的 聲音。

語調是指聲音的高低起伏。

語速是指講話速度有多快。

著名的演講者

話語具有極強大的力量。話語可以使人開心，也可以傷害人；可以改變人的思想，甚至塑造歷史。有些演講者會運用一些說話的藝術，讓人印象深刻。

> 我看見不公平，於是我為了捍衛每個女孩上學的權利而大聲疾呼。

馬拉拉·尤沙夫賽
（1997-）
人權運動者、最年輕的諾貝爾和平獎得主

> 朋友們，
> 困難之處不在於避免死亡，
> 而在於避免不義……

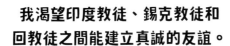

> 我渴望印度教徒、錫克教徒和回教徒之間能建立真誠的友誼。

聖雄甘地
（1869-1948）
印度獨立運動領袖

蘇格拉底
（西元前470年-西元前399年）
希臘哲學家

> 我夢想有一天，我的四個孩子能在一個不是以膚色，而是以品格優劣來評價他們的國家裡生活。

> 所有未來的主人翁都在緊盯著你們。

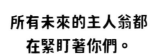

葛蕾塔·桑伯格
（2003-）
瑞典環保運動者

馬丁·路德·金恩
（1929-1968）
美國民權運動領袖

9

聽見……

對話不只是告訴對方，你想要他們知道的事情，理解對方在說什麼也很重要。

當你在認真傾聽別人說話時，需要專心聽他們在說什麼，並觀察他們的肢體語言。不要預先評論，而是試著理解他們。

還是傾聽？

沉默

沉默非常有用，可以讓人喘息，但也會造成緊張。如果沒有沉默，電影和戲劇就演不下去了。你知道沉默有各種類型嗎？

不需要多說什麼的沉默

安慰的沉默

憤怒的沉默

尷尬的沉默

讓我們有時間思考的沉默

沒有文字的故事

現在我們知道，沉默在溝通時非常重要。但我們如何在沉默不說話的情況下傳達訊息呢？

其實，說話並不是溝通裡最重要的部分。我們溝通時，有一半以上是所謂的「非語言溝通」，意思是指我們會透過姿態、臉部表情和手勢來表達訊息。

非語言溝通讓我們不用說話就能互相理解，並且我們都知道該怎麼做非語言溝通。看看右邊的畫面，你能描述發生了什麼事嗎？

如果一定得
透過說話
才能溝通，
那默劇也就
演不下去了！

3.

5.

6.

7.

8.

13

姿態

即使我們站在遠處，觀察人們站立的姿勢，我們也能看出他們心情狀態。他們是抬頭挺胸，還是彎腰駝背？是雙臂交叉，還是眼睛望向何處——是上面還是下面？姿態可以傳達許多不同的感覺。

我覺得你很有趣。

我很快樂。

我覺得被冒犯了。

我很生氣。

我很傷心。

我很緊張。

我玩得很開心。

我不想被別人注意。

人與人之間的距離

不只站立的姿勢可以表達訊息，我們和其他人之間的距離也隱含許多資訊。我們有時候會說「容許某人靠近自己」，這不是隨口說說而已。比起第一次見面的人，我們往往會讓喜歡的人更靠近自己一些。

不同的人，不同的距離

我們都有自己的人際距離，決定我們容許別人離自己多近。

每個人的人際距離都不一樣，這是很正常的事。人際距離看起來像這樣：

當某人進入你的個人空間，
讓你覺得不舒服時，
可以這麼說：

> 你這樣離我太近了，
> 能不能稍微移動得遠一點？

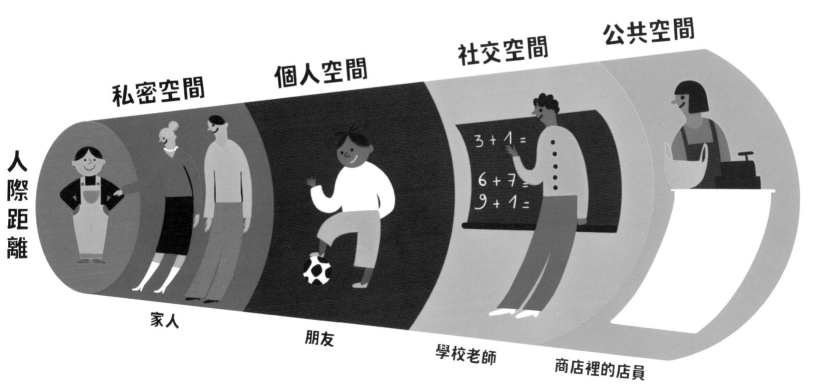

人際距離

私密空間　　個人空間　　社交空間　　公共空間

家人　　　　朋友　　　學校老師　　商店裡的店員

手勢

我們可以單純使用手勢來進行非語言溝通，不過通常我們在講話時也會使用一些手勢。為什麼手勢這麼重要？

手勢可以用來
強調溝通裡的資訊。

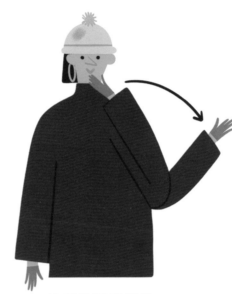

在有語言障礙的情況下，
手勢可以幫助我們溝通。

這是美國手語的
「謝謝」。

手勢可以幫助我們
學習新事物。

和語言一樣，
手語也不是
全世界通用的。
不同的國家
有不同的手語。

露出你的雙手

以連結到大腦的神經數量來說，手比身體其他部位還要多出許多。可見手在身體所有部位中，占極重要的地位。

自古以來，觀察對方的雙手非常重要，因為要確保他們沒有拿著武器。這也是為什麼，即便到了現代，當某人把雙手藏在背後時，還是會讓我們感到很不安，令人忍不住想知道他們的手在做什麼。

常見的手勢

留意每個手勢
所代表的不同意思。
某些手勢在
不同的國家或文化中，
可能有全然不同的涵義。
對某群人來說很平常的手勢，
卻可能會冒犯另一群人。

拇指朝上
「我喜歡。」

拇指朝下
「我不喜歡。」

**手指放在
嘴唇上**
「安靜！」

揮手
「你好！」

**舉起手掌
面向另一個人**
「停！」

拍手
「做得好！」

**用食指和拇指
圍成圓圈**
「好的，沒問題！」

**朝著自己
擺動食指**
「過來！」

在特定環境裡的手勢，
也會和一般狀況不一樣。

我們快點
游上去吧！

很讚！
我在水裡
玩得很開心。

該注意的事

我們的身體非常精明，很會用非語言的方式溝通，甚至有時是下意識發生的。不過，我們還是需要留意這些事，以免讓對方誤解你的意思。

如果我們的肢體語言和
所說的話不一致，
會讓聽的人覺得很困惑！

請坐

坐下！

有時候，
肢體語言
可能會完全改變
我們說話的
語氣或意思！

我們談談吧！

我不想
跟你說話！

雙手打開

雙手交叉

雙手交叉和雙腿交叉
可能代表我們
不希望對方靠近自己。

臉部表情

我們的臉可以展現各種不同的模樣,像是笑、哭、皺眉、做鬼臉……很多很多不同的表情,能把我們的感覺表露無遺。有些表情看起來像這樣:

就這方面,
人類是獨一無二的。
沒有任何動物
能夠像我們一樣
做出這麼多種表情。

快樂　　　驚訝　　　害怕

憤怒　　　悲傷　　　厭惡

這六種感覺是全人類普遍都有的,也就是說,
即使是來自另一種文化背景的人,也能從你的表情猜出你的情緒。

臉部肌肉

是什麼原因可以讓我們改變表情，以及創造出這麼多種變化呢？答案就是臉部的肌肉。它們可以在幾秒鐘之內改變我們的表情。

臉部肌肉能做哪些事？

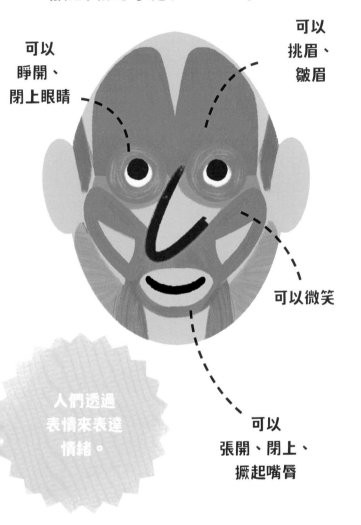

可以睜開、閉上眼睛

可以挑眉、皺眉

可以微笑

可以張開、閉上、撅起嘴唇

人們透過表情來表達情緒。

我們所使用的臉部表情

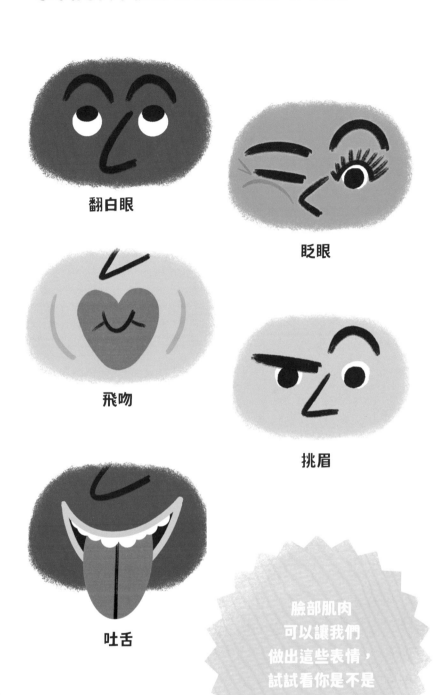

翻白眼

眨眼

飛吻

挑眉

吐舌

臉部肌肉可以讓我們做出這些表情，試試看你是不是都能做到！

注視對方的雙眼

眼神交流在溝通時極為重要，表示我們對對方很感興趣，而且也讓我們能夠解讀對方的肢體語言。我們也比較容易相信那些看著自己眼睛的人。但是也要小心，不要一直盯著人看，這樣可能會讓對方感到很不舒服。

哭

雖然有時候我們會覺得哭泣是不好的，但其實哭泣和哈哈大笑一樣，對我們很有幫助。

哭泣時流下的淚水，
和被戳到眼睛
因疼痛流下的淚水不同。
這些情緒性的淚水
有助於緩和我們
感受到的強烈情緒。

哭泣可以在溝通中
發揮重要功用，
讓別人知道發生了
不尋常的事情。

當我們
大哭一場後，
常會覺得
心情比較舒暢。

笑

你知道笑是會傳染的嗎？如果你的朋友開始笑，過一會兒你可能也會跟著笑了起來。

和人類講話相比，
我們的笑聲更接近
動物發出的聲音。
人類的說話機制較複雜，
是後來才演化出來的。

笑有助於
加強人際關係，
以及改善
健康和情緒。

雖然每個人笑的方式不同，
但對所有人來說，
發出笑聲的過程都是一樣的。
我們之所以能發出
重複短促聲音的笑聲，
是空氣從身體排出的結果。

觸摸

對人類來說，觸摸是絕對不可少的動作。如果沒有觸摸，無論是生理和心理上都會感到很痛苦。相反的，常常觸摸、擁抱和輕撫會讓我們產生奇妙的幸福感。總之，人的身體喜歡被觸摸！

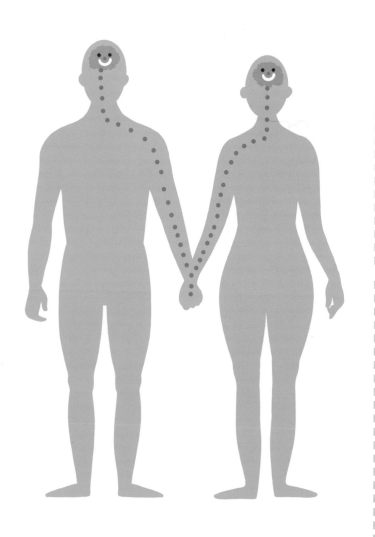

當我們觸摸到某人時，觸摸的訊息就會從被觸碰的地方傳送到大腦。如果觸摸對我們來說是愉快的，大腦就會興奮、開始釋放一種稱為「催產素」的物質，讓我們產生美好的感覺。

我們的觸覺器官是皮膚，皮膚也是身體最大的器官。對觸摸非常敏感的部位有：

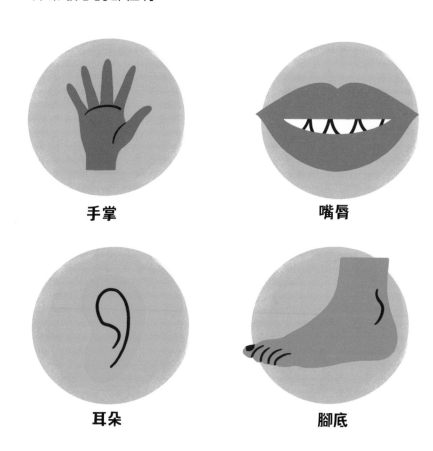

手掌　　　　　　　　嘴唇

耳朵　　　　　　　　腳底

觸摸對我們來說可能很愉快，也可能不愉快。你覺得愉快的動作，別人可能覺得非常不愉快。

**請記住，
觸摸的前提是
絕對不可以
傷害別人！**

觸摸的方式

親吻
「我愛你！」

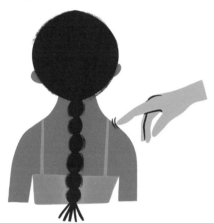

輕碰肩膀
「嘿，理我一下。」

拍拍某人的背
「做得好！」

擁抱
「很高興見到你！」

擊掌
「太棒了！」

握手
「很高興認識你。」

把手臂搭在某人的肩膀上
「有我在！」

透過觸摸
和人們互動，
有時稱為
觸覺交流。

利用觸摸來閱讀

對某些人來說，觸摸可以取代其他種溝通方式，像是盲人可以閱讀用「點字法」做成的書籍。這類書上的每個字都是用凸點排列組合而成，因此可以利用觸摸來認字。

不可或缺的溝通

現在你應該知道，我們能用許多方式和周圍的人們溝通。但是你能想像和其他人完全隔絕、沒辦法建立關係的感覺，會是什麼樣子嗎？一位名叫海倫·凱勒的女孩就有這種感受。

1870年，在美國的阿拉巴馬州，誕生了一位健康的小女孩，名叫海倫。

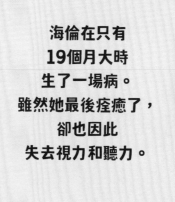

海倫在只有19個月大時生了一場病。雖然她最後痊癒了，卻也因此失去視力和聽力。

因為海倫聽不到別人講話的聲音，所以她自己也沒辦法學會說話。她幾乎和所有人完全隔絕，除了觸摸之外，沒有其他的溝通方式。海倫的整個世界，是黑暗且寂靜。

海倫成了不守規矩的孩子。她知道，其他人用她無法理解的方式互相溝通。因此，她經常亂發脾氣，故意傷害別人。

海倫學會閱讀點字，
甚至講話。
當她將手放在
另一個人的臉上，
就可以辨認
他們嘴巴的動作、
理解他們在說什麼。

蘇利文用同理心和
無比的耐心向海倫解釋，
所有的事物都有名字，
並且透過觸摸她的手掌
教她英文字母。

在蘇利文的幫助下，
海倫進入大學
學習外國語言，
並且研讀文學、
歷史和數學，
最後成為第一位
大學畢業的盲聾人。

海倫寫書、在雜誌上寫文章、
發表演說，
主題大多是關於
解開大眾對盲人的誤解、
對抗種族主義，
以及爭取婦女平等權利。

有一天，
名叫蘇利文的年輕老師
來到她們家。
海倫後來回憶，
這次見面是她一生中
最重要的一刻。

蘇利文直到去世前
都一直陪伴著海倫，
她的一生都在幫助海倫
了解周圍的世界。

符號

早在文字出現以前,我們的祖先已經能借助簡單的符號來做不同類型的溝通。甚至有人相信,在史前的洞穴壁畫中,出現了用於溝通的特殊符號。

如今,我們也會用各種圖片和標誌來溝通。這些符號代表真實的事物。如果你覺得很難想像,看看你能不能理解以下這些符號代表的意思。

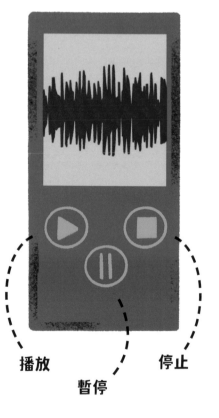

播放
暫停
停止

小紅人和小綠人的
交通號誌

危險警示

旗幟

指示方向的箭頭

有些符號和訊號
只有某一群人才知道,
如此有助於
特殊情況下的訊息加密。

訊號

雖然符號具有特定的涵義，但很難用它們來傳達複雜的訊息。這也就是為什麼人們會使用很多種類的訊號，而且通常是透過光或聲音來傳遞。

點和橫線

摩斯電碼非常適合通訊。為了可以發送任何訊息，在電碼裡面，所有英文字母都被轉換成「點」和「橫線」。

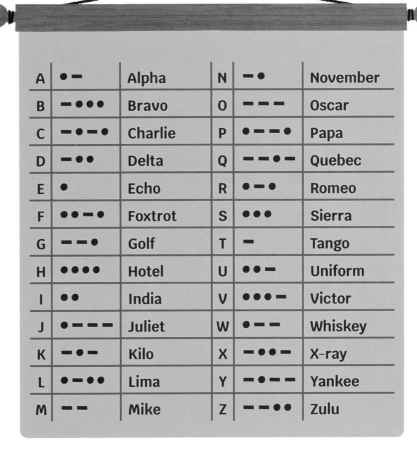

A	●—	Alpha	N	—●	November
B	—●●●	Bravo	O	———	Oscar
C	—●—●	Charlie	P	●——●	Papa
D	—●●	Delta	Q	——●—	Quebec
E	●	Echo	R	●—●	Romeo
F	●●—●	Foxtrot	S	●●●	Sierra
G	——●	Golf	T	—	Tango
H	●●●●	Hotel	U	●●—	Uniform
I	●●	India	V	●●●—	Victor
J	●———	Juliet	W	●——	Whiskey
K	—●—	Kilo	X	—●●—	X-ray
L	●—●●	Lima	Y	—●——	Yankee
M	——	Mike	Z	——●●	Zulu

這句摩斯密碼在說什麼？
請試著解密，再翻到最後一頁看解答。

塞繆爾・摩斯

求救訊號

全球公認的SOS求救訊號，是專門為了摩斯電碼而發明的。如果你發現自己處於生死關頭，就可以用這個訊號來求救。這就是為什麼認識摩斯電碼對我們是很有用的。

SOS

文字

最早的文字是由簡單的符號和描繪事物的圖案組成。慢慢的，這些符號變得越來越簡潔，並且可以用來描述抽象的事物，最後演變成現在我們所使用的文字。一開始，文字主要是用來記帳和做生意。

以紀錄為證！

文字與傳播方式的演變

古代美索不達米亞的**楔形文字**是歷史古老的文字之一。人們用蘆葦桿將這種文字刻在泥板上。

埃及的**象形文字**晚一點才出現。剛開始是刻在石頭上，後來寫在莎草紙上。

中世紀時，教會擔任文字傳播及教育的角色。當時文字大多是用羽毛筆寫在薄木片上，或是寫在以動物皮革製成的羊皮紙上。

同時，世界各地的文字開始獨立發展。有了文字，我們才能經年累月的記載訊息，或是將訊息傳送到遙遠的一方。

目前世界上使用最廣泛的文字系統是拉丁字母，也稱為羅馬字母。這本書的原版是使用英文所寫成，英文及多數歐美語言，是用拉丁字母組成的。

1448年，
古騰堡發明**印刷機**，
可以印製大量的文字
以及複印書本。

書本印刷
為資訊和知識的
傳播帶來
重大的突破。

※約1045年，中國北宋
的畢昇發明活字印刷術。

19世紀下半葉，**打字機**的發明，
讓輸出文字的速度比用筆寫字更快，
並且打字的文字更容易閱讀。

如今，我們可以使用
像電腦、手機和平板電腦等
各樣科技工具進行大量寫作。

過去與現在的文字訊息

信使

留言板

信件

書

瓶中信

傳小紙條

噴漆塗鴉

簡訊

傳真

飛鴿傳書

指標

社群網站

報紙

電子郵件

大眾傳播

在 20世紀期間，大眾傳播出現驚人的發展，開始能夠觸及大量的人群。一開始是透過電臺廣播和印刷報紙，後來再透過電視播出，最後則是透過網路傳播。

1912
號稱「永不沉沒」的鐵達尼號沉沒了。
（第46頁）

1913
報紙出版商普立茲將瓶中信扔進海裡，希望發現的人將信寄回上面所寫的地址。

1908
SOS成為國際公認的求救訊號。
（第29頁）

1904
海倫・凱勒大學畢業。
（第26頁）

1906
歷史上第一次電臺廣播。

1982
第一次使用表情符號 :-)。

1991
全球資訊網啟用。
（第38頁）

2004
Facebook
上線。

1992
發現鏡像神經元。
（第4頁）

發送歷史上第一則手機簡訊。

1997
人權運動者馬拉拉出生。
（第9頁）

1998
Google
上線。

1928
美國第一次
公共電視播出。

1936
BBC推出世界上第一個
常態性公眾電視服務，
首播內容包括一首
歌頌新科技的歌曲〈電視〉。

1939–1945
第二次
世界大戰

1954
開始生產第一臺
市售的彩色電視機。

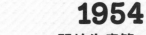

1914–1918
第一次
世界大戰

1969
人類首次
登陸月球。
（第47頁）

網際網路的
先驅「阿帕網」
誕生。

1963
金恩博士發表
他的著名演說
「我有一個夢」。
（第9頁）

1971
發送第一封
電子郵件。

2005
YouTube
上線。

旋轉跳躍的貓

2014
有人發現普立茲的瓶中信
並還給他的孫女。

2016
TikTok上線。

電話

電話讓我們的生活變得非常方便。不管在哪裡，我們都可以和某人交談或發送訊息，也可以用手機觀看及錄製影片、玩遊戲、購物和拍照。

一般認為電話是由美國人貝爾發明。然而，有些人認為他並不是第一位發明電話的人，而是義大利人穆齊。

亞歷山大・貝爾

電話發明者

安東尼奧・穆齊

當你打電話給朋友時，當中發生了什麼事？

2.
這些電磁波無法傳送很遠的距離，因此需要利用傳送器來輔助。當傳送器接收到電磁波訊號，便將訊號透過地下光纖纜線傳遞到離你的朋友最近的傳送器。

1.
手機將你的語音轉換成簡單的電子訊號，然後透過看不見的電磁波將訊號發送出去。

3.
傳送器再將訊號轉換回電磁波，發送到你朋友的手機，然後這些電磁波又被轉換回語音。

電話的發展

自貝爾的發明以來，現代智慧型手機的功能已經有突飛猛進的變化。

20世紀初
「燭臺」電話

1930年代
轉盤式桌上型電話

1960年代
按鍵式
桌上型電話

1970年代
壁掛式電話

1980年代
無線桌上型電話

1997年出現
第一支附有
彩色螢幕的手機，
不過只能顯示
四種顏色。

1983
世界上
第一支
行動電話

1990年代
第一支行動電話
發明後沒多久，
出現附有顯示螢幕的
新型手機。

21世紀初
行動電話變得很小，
甚至可以放進口袋裡。

掀蓋式手機
風靡一時。

2007
第一支iPhone的設計
成為後來智慧型手機
仿效的對象。

網際網路

我們每天都會使用網際網路，卻覺得習以為常，沒什麼大不了。但是網際網路讓我們可以做很多神奇的事情，像是和遠在世界另一邊的朋友視訊通話、玩遊戲，或是發送照片和電子郵件。

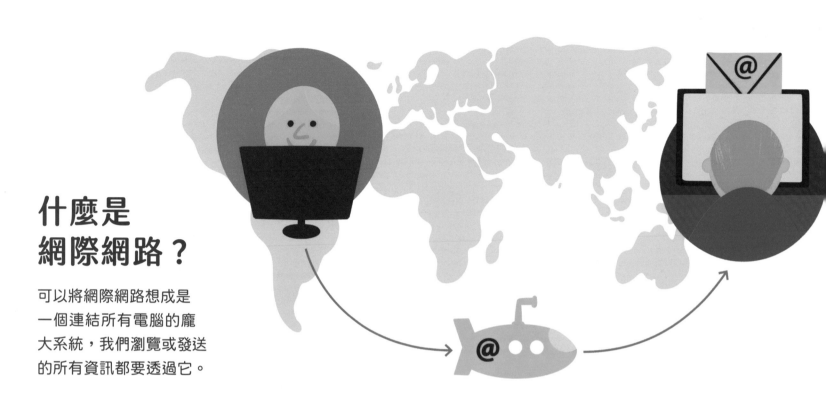

什麼是網際網路？

可以將網際網路想成是一個連結所有電腦的龐大系統，我們瀏覽或發送的所有資訊都要透過它。

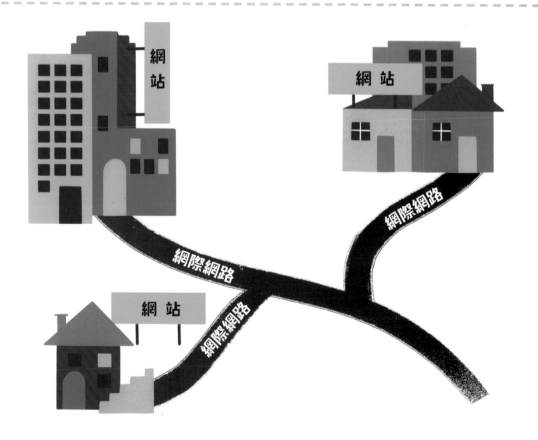

是網站還是網際網路？

或許你會訝異，不過網站和網際網路其實不一樣。全球資訊網連結了許多內容不同的網站，你可以利用瀏覽器來搜尋這些網站。你可以這樣想像：網際網路是連結了不同城市的道路，而網站則是在路上所看見的建築物和其他物體。

網路禮儀

我們來了解一下網路世界裡正確的行為規範。

在你分享之前，要確保資訊是正確的。

網際網路上散布著大量虛假和誤導性資訊，因此在你分享任何內容之前，都應該確保自己的資訊都是正確的。

尊重別人的隱私。

永遠記住，
有些人不喜歡你
擅自分享他們的個人資訊，
例如有些人不想在
大家都能看到的
照片中被標記。

清楚、有禮、慎重的表達意見。

別忘了，
在每次發送訊息前，
都要仔細閱讀，
這樣可以避免
出錯和誤解。
你和朋友可能有
特別的溝通方式，
但那樣的溝通方式
可能不適合其他人。

如果有些話你不會當著別人的面說，那麼就不應該在網路上發送這些話。

即使你可能是出於好意，
但網路另一端的人可能
會因為你的話而受到傷害。

小心網路酸民！

請注意，網路上會有人使用假帳號，目的是為了散布假資訊、攻擊別人或是散播仇恨。這些人就是我們所說的「酸民」。因此，在網路上看到任何訊息時，都要仔細查證。

保護自己的溝通術

有 時候會因為發生一些不好的事，讓我們和別人交談的時候感覺到不自在。我們可以嘗試這些作法，讓自己不會陷入這種窘境。

> 我本來很期待我們一起玩，但聽到你說不願意，我很失望。

我遵循內心的想法，並且坦白說出來。

> 夠了，奶奶，可以停下來了。

> 我們把備用鑰匙放在這裡！

當我不喜歡發生在我身上的事情時，我可以說「我不喜歡，請停止！」

有時我需要一點獨處的寧靜時光時，我會盡我所能去爭取。

我不需要把自己的每件事情都告訴別人。有時候，某些事情還是保密比較好。

不實謠言
聽說有賣一種超好吃的新口味冰淇淋……

> 你知道他們在賣超級好吃的新口味冰淇淋嗎？

冰淇淋

一球 50元

> 請給我一份超級好吃的新口味冰淇淋！

當別人告訴我任何事情時，我會審慎思考：
這些資訊是從哪裡來？我憑麼知道是真的？我信任的人，像是父母或老師，怎麼評價這件事？

上網安全守則

由於現在所有人的日常生活都離不開網路，因此學習一些方法有助於讓我們在瀏覽網路時保持安全。

這些方法僅是大方向，並不適用任何情況。最重要的還是和父母一起討論，找出你還需要做什麼或避免做什麼。

請記住，
網際網路不會刪除任何東西！
你曾經分享的任何內容，
在網路上永遠看得到。
另外，
你傳送的內容並不是私密的。
即使是私人對話中的訊息，
還是有機會被其他人看見。

不要分享你的個人資訊，
或你不想在公開場合
展示的任何內容。

絕對不要和
只在網路上
認識的人碰面。

一定要使用密碼，
而且不要透露給
任何人。

有1則新訊息

IAMYOURFRIEND238   12:33

我們約個時間見面吧！

輸入密碼

提醒

安娜的生日派對
星期五
下午五點

internetsafety.workshop

網路安全工作坊

給父母
和孩子

前往報名

不要沉迷於網路。

如果在網路上發生了
不愉快的事，
絕對不要害怕向父母或親人求助。

試著多了解在
網路上溝通的危險性。

好好表達、
好好處理

我們的一舉一動往往反映出內心的真實感受，但有時候卻會阻礙彼此的溝通。儘管如此，我們會有感受，完全是件正常且自然的事。如果我們可以同時想到並管理自己的感受，就會讓彼此的溝通變得容易許多。

感受和情緒，例如快樂、憤怒和失望等，都是我們的一部分，而且只屬於我們自己。在面對同樣的情況時，每個人可能會有截然不同的感受。會有怎樣的感受，並沒有絕對的對或錯，重要的是我們如何表達。

錯誤的表達

正確的表達

如果我們可以明確描述自己的感受，這樣就能更讓對方理解。同時，我們也要培養同理心。「同理心」指的是能理解自己與別人的感受。

**請回答：
我現在
感覺如何？**

你可能覺得：

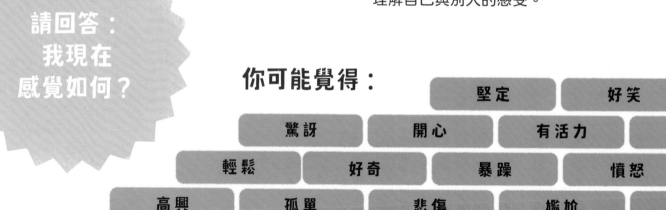

	堅定	好笑	
驚訝	開心	有活力	滿足
輕鬆	好奇	暴躁	憤怒
高興	孤單	悲傷	尷尬	失望
熱情	焦躁	無憂無慮	困惑	無聊

衝突

有時候，我們可以和其他人自然的相處。但是也可能發生我們和某些人很難溝通，以至於什麼事情都無法達成共識。雖然過程可能不太愉快，但這是完全正常的。

什麼是衝突？

由於我們的目的不一樣，導致我們和別人無法對某件事情產生相同意見。

第一步

先深呼吸，覺察自己的感受。

處理問題

• 說出你的感覺，並且詢問對方的感覺。

• 盡可能不要評論別人，並努力理解他們。

• 一起找出解決問題的方法。

需要牢記的一些提醒

• 我們無法避免發生衝突，重要的是，我們要如何處理衝突。

• 有時候沒有同時對雙方都有利的解決方法。

• 我們不可能消除所有的誤解。

為什麼衝突是有用的

衝突讓我們有機會解決自己和別人的分歧，並且有助於改善彼此的關係。

溝通小訣竅

每個人都有自己獨特的性格。有些人一下子就能和任何人聊天,而有些人則喜歡獨來獨往。即便如此,只要懂得一些溝通上的小訣竅,就可以讓我們和其他人相處得更好。

請⋯⋯

好好的表現自己

保持禮貌

我很喜歡
你用的顏色。

清楚的表達想法

為自己的言論和行為負責

願意讓步妥協

坦白說出想法

能夠關心並傾聽對方

這些小訣竅有的做起來很簡單，有的可能有點難。但不要害怕嘗試，也不要擔心犯錯。無論是溝通還是其他事情，犯錯才能學到更多東西。

溝通失敗的例子

1776

訊息未讀

特倫頓戰役是美國獨立戰爭中,美軍和德軍交戰的一場戰役。德軍指揮官約翰・拉爾上校收到間諜發出的密報,警告美軍預計在夜間突襲。上校接過紙條、放進口袋,然後就忘記這件事。結果美軍的突襲讓德軍大吃一驚,德軍一下子就被打敗了。拉爾在這場襲擊中身亡,而那張未讀的紙條還在他的口袋裡。

沉沒的鐵達尼號

就在鐵達尼號撞上冰山的前幾秒,另一艘船加州人號當時距離鐵達尼號最近,船上的無線電操作員已經下班,以至於沒有接收到鐵達尼號的求救訊號。後來鐵達尼號船員發射了照明彈,但加州人號也不知道那是求救訊號。鐵達尼號沉沒造成1500多人死亡,只有705名乘客生還。如果當時最靠近的船隻能及時伸出援手,可能會拯救更多人的性命。

1912

加 州 人 號

1999

太空探測器損毀

火星氣候探測者號被送到火星收集氣候資訊。但不知道什麼原因,探測器太靠近火星的大氣層而導致探測器被燒毀。後來發現,探測器所使用的電腦軟體是使用公制單位,但地面的操控人員卻使用英制單位。這次的溝通失誤讓美國太空總署損失了1.25億美元。

溝通成功的例子

1939

溫頓的孩子

在第二次世界大戰期間，尼古拉斯·溫頓爵士從納粹集中營拯救出650多名面臨死亡的猶太兒童。溫頓為這些孩子尋找寄養家庭、辦理簽證及安排交通。總共有8列火車從布拉格出發，將孩子安全的送到倫敦。

倫敦

布拉格

> 這是個人的一小步，
> 卻是人類的一大步。

1969

登陸月球

幾乎全世界的每個廣播電臺和電視臺都有現場直播，史上第一次有這麼多人同時觀看一場活動。阿波羅11號的太空人在整個任務期間都和地球保持聯絡，因此每個人都知道發生了什麼事。這是人類第一次踏上月球表面，並讓地球上的人都能同時目睹這歷史性的一刻！

2010

智利礦坑塌陷

智利的聖荷西曾發生一場礦坑崩塌意外，有33名礦工受困在地底深處。大多數的人都認為這場意外不太可能有人生還。然而，在17天之後，礦工們寫下訊息，想辦法利用尋找他們的鑽孔機鑽頭傳送上去。救援人員收到訊息後，將食物和救生設備送到地底下，但最後還是花了70天才把他們救出來。

我們沒事

第29頁摩斯密碼答案：
Write a message to a friend in morse code.
意思是「用摩斯電碼寫給朋友一封訊息」。

◖◗ 少年知識家

你要說什麼？
從表達到對話、從傾聽到理解，
獻給網路世代的好好溝通寶典

作者｜拉德嘉‧皮洛（Radka Píro）
繪者｜夏綠帝‧莫拉（Charlotte Molas）
譯者｜黃靜雅

責任編輯｜張玉蓉
特約編輯｜呂育修
美術設計｜曾怡智
行銷企劃｜李佳樺

天下雜誌群創創辦人｜殷允芃
董事長兼執行長｜何琦瑜
媒體暨產品事業群
總經理｜游玉雪
副總經理｜林彥傑
總編輯｜林欣靜
行銷總監｜林育菁
版權主任｜何晨瑋、黃微真

出版者｜親子天下股份有限公司
地址｜臺北市104建國北路一段96號4樓
電話｜（02）2509-2800 傳真｜（02）2509-2462
網址｜www.parenting.com.tw
讀者服務專線｜（02）2662-0332 週一～週五：09:00～17:30
讀者服務傳真｜（02）2662-6048
客服信箱｜parenting@cw.com.tw
法律顧問｜台英國際商務法律事務所‧羅明通律師
製版印刷｜中原造影股份有限公司
總經銷｜大和圖書有限公司 電話｜（02）8990-2588

出版日期｜2024年3月第一版第一次印行
定價｜450元
書號｜BKKKC261P
ISBN｜978-626-305-674-9（精裝）

訂購服務 ━━━━━━━━━━━━━
親子天下 Shopping｜shopping.parenting.com.tw
海外‧大量訂購｜parenting@cw.com.tw
書香花園 台北市建國北路二段6巷11號 電話（02）2506-1635
劃撥帳號｜50331356 親子天下股份有限公司

立即購買＞

國家圖書館出版品預行編目資料

你要說什麼？從表達到對話、從傾聽到理解，獻給網路世代的好好溝通寶典／拉德嘉.皮洛(Radka Píro)作,黃靜雅譯.-- 第一版.-- 臺北市：親子天下股份有限公司, 2024.03
48面；24x28公分
ISBN 978-626-305-674-9(精裝)
1.CST: 人際傳播 2.CST: 人際關係

177.3   112022693

What? A Book About Communication And Understanding
© Designed by B4U Publishing, 2023
member of Albatros Media Group
Author: Radka Píro
Illustrator: Charlotte Molas
www.albatrosmedia.eu
All rights reserved.